1

구약

위대한 시작

가스펠 프로젝트 유치부

구약 1

위대한 시작

지은이 | LifeWay Kids
옮긴이 | 권혜신
감 수 | 김병훈·이희성·정희영

초판 발행 | 2017. 10. 18
2판 1쇄 발행 | 2025. 9. 19
등록번호 | 제1988-000080호
등록된 곳 | 서울특별시 용산구 서빙고로65길 38
발행처 | 사단법인두란노서원
영업부 | 02) 2078-3352, 3452, 3752, 3781
FAX 080-749-3705
편집부 | 02) 2078-3437

표지디자인 | 땅콩프레스
활동 연구 | 김찬숙·민혜정·박청아
이향순·진명선·홍선아

책값은 뒤표지에 있습니다.
ISBN 978-89-531-4642-6 04230
978-89-531-4641-9 (세트)

홈페이지 | gospelproject.co.kr
두란노몰 | mall.duranno.com

차례

1 하나님이 세상을 창조하셨어요

맨 처음 이 세상에는 하나님 외에 아무것도 없었어요.
하나님은 아무 재료도 없이 말씀으로 세상을 창조하셨어요.
하나님이 만드신 세상은 하나님이 보시기에 좋았어요.

짝 찾기

하나님의 작품!

창조주 하나님

하나님이 창조하신 세상이에요. 동산 위에 그려진 여러 동물들의 형태를 보고 알맞은 동물을 찾아 선을 그어 보세요. 내가 가장 좋아하는 '하나님의 창조물'을 네모 칸에 그려 보세요.

이야기 나누기

- 누가 이 세상을 만드셨나요?
- 하나님은 이 세상(해와 달, 땅과 하늘, 동물과 식물 등)을 어떻게 만드셨나요?

2 하나님이 사람을 창조하셨어요

하나님은 하나님을 닮은 모습으로 사람을 창조하셨어요.
하나님은 흙으로 아담을 만드시고, 아담의 갈비뼈로 하와를 만드셨어요.
하나님은 만드신 모든 것을 둘러보시고 매우 좋아하셨어요.

순서 찾기

하나님의 형상

난 하나님 최고의 ★걸작!

하나님이 창조하신 순서대로 네모 칸에 숫자를 써 보세요.
하나님이 만드신 모든 것은 정말 멋져요.
그중에서도 가장 특별하고 멋진 작품은 바로 나예요.
하나님의 걸작인 나의 멋진 모습을 하트 칸에 그려 보세요.

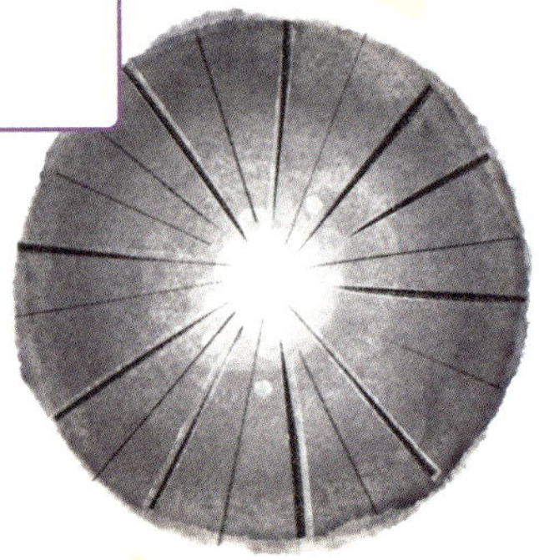

이야기 나누기

- 누가 이 모든 것을 만드셨나요?
- 하나님이 만드신 작품 중에 잘못되었거나 쓸모없는 것이 있을까요?
- 하나님이 가장 마지막에 하나님을 닮게 만드신 아주 특별한 작품은 무엇인가요?

★ 걸작 : 매우 훌륭한 작품

3 죄가 세상에 들어왔어요

하나님은 아담과 하와에게 한 가지 규칙을 주셨어요.
하지만 아담과 하와는 하나님의 규칙을 어기고 말았어요. 죄를 지은 거예요.
아담과 하와가 죄를 지은 뒤 모든 것이 달라졌어요.
죄를 없애 줄 누군가가 필요해졌답니다.

그리기

죄와 죄의 결과

아담아, 어디 있니?

죄는 하나님과 멀어지게 해요.
하나님을 피해 나무 사이에 숨어 있는 아담과 하와를 그려 보세요.

이야기 나누기

- 아담과 하와는 왜 나무 뒤에 숨었나요?
- 죄가 무엇인가요? (죄는 하나님의 법을 어기는 거예요.)
- 하나님은 아담과 하와를 위해 어떤 계획을 세우셨을까요?

4 가인과 아벨이 제물을 드렸어요

하나님은 아벨의 제물은 기쁘게 받으셨지만, 가인의 제물은 받지 않으셨어요.
화가 난 가인은 아벨을 죽게 했어요.
가인은 하나님께 벌을 받아 떠돌게 되었어요.
죄는 하나님과 멀어지게 해요.

분류하기
색칠하기

죄의 결과

가인이 화가 났어요!

하나님은 죄를 벌하세요. 죄는 하나님과 사람들의 사이를 갈라놓아요.
빈칸에 들어갈 단어는 무엇일까요?
'가인'과 '가인의 제물'이 그려진 칸을 색칠하면 빈칸에 들어갈 단어가 나와요.

가인은 ☐를 지어 하나님과 멀어졌어요.

이야기 나누기

- 하나님은 가인과 아벨 중 누구의 제물을 기뻐 받으셨나요?
- 화가 난 가인은 어떻게 했나요?
- 가인은 어떻게 되었나요?
- 우리가 죄를 지으면 어떻게 되나요?

5 하나님이 노아와 가족을 구해 주셨어요

하나님은 노아에게 방주를 지으라고 말씀하셨어요.
하나님은 죄를 벌하시기 위해 온 땅에 홍수를 보내셨어요.
하나님은 노아와 그의 가족, 그리고 동물들을 구하셨어요.
하나님은 약속의 표시로 무지개를 주셨어요.

그리기

구원의 방주

방주는 끄떡없어!

홍수 속에 방주가 둥둥 떠 있는 모습을 상상해 보세요.
파란색 색연필을 이용해 비와 물을 표현해 보세요.

이야기 나누기

- 왜 하나님은 홍수가 나게 하셨나요?
- 하나님은 노아와 그의 가족을 어떻게 구원하셨나요?

6 바벨탑을 쌓던 사람들이 흩어졌어요

사람들은 흩어져서 온 땅을 가득 채우라는 하나님의 명령을 따르지 않았어요.
사람들은 한곳에 모여 자기에게 영광을 돌리려고 탑을 쌓기 시작했어요.
그러자 하나님은 그들의 말이 서로 통하지 않게 하셔서 탑을 쌓을 수 없었어요.
바벨탑을 쌓던 사람들은 온 땅으로 흩어졌어요.

미로 찾기

사람들의 교만

바벨탑의 최후

사람들이 자기 자신에게 영광을 돌리려고 쌓은 탑은 결국 어떻게 되었나요?
미로를 통과하면서 완성되지 않은 바벨탑을 둘러보세요.
우리는 오직 하나님께만 영광을 돌려야 해요.

이야기 나누기

- 사람들은 왜 탑을 높이 쌓고 싶어 했나요?
- 하나님은 왜 사람을 창조하셨나요?
  (하나님의 영광을 위해 창조하셨어요.)
- 하나님은 하나님의 말씀을 따르지 않고 바벨탑을 쌓은 사람들에게 어떻게 하셨나요?

7 하나님이 아브라함과 언약을 맺으셨어요

하나님은 아브라함에게 많은 자손을 주겠다고 약속하셨어요.
아브라함은 나이가 많은 데다 아직 자녀도 없었지만 하나님의 약속을 믿었어요.
하나님은 반드시 약속을 지키시겠다는 뜻을 아브라함에게 보여 주셨어요.

수 세기

하나님의 약속

별을 세어 보아라!

하나님은 아브라함에게 하늘의 별처럼 많은 자손을 주겠다고 약속하셨어요. 큰 별과 작은 별이 각각 몇 개인지 세어서 네모 칸에 적어 보세요. 작은 점처럼 보이는 별들까지 세어 보면 별은 모두 몇 개일까요?

별 그리기 연습장

'별 그리기 연습장'에서 별 그리기를 연습하고 하늘 가득 별을 그려 보세요.

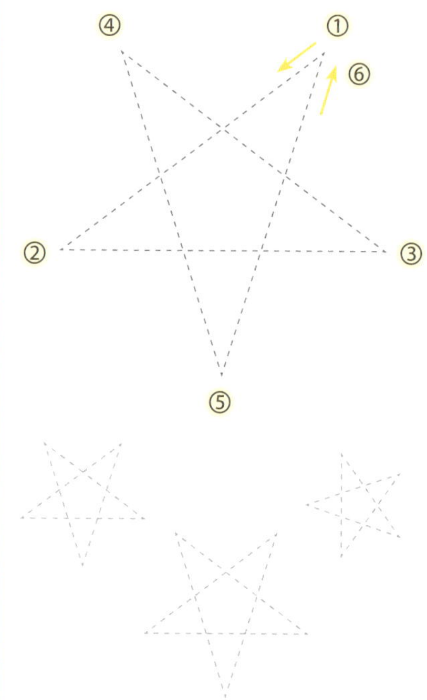

이야기 나누기

- 하나님은 아브라함에게 어떤 약속을 하셨나요?
- 하나님도 사람들처럼 약속을 어기실 때가 있을까요?
- 약속을 받은 아브라함의 마음은 어떠했을까요?

8 하나님이 아브라함을 시험하셨어요

하나님은 아브라함에게 이삭이라는 아들을 주셨어요.
하나님은 아브라함을 시험하셨어요. 아들 이삭을 제물로 바치라고 하셨지요.
아브라함은 하나님을 믿고 하나님께 순종했어요.
하나님은 이삭 대신 제물로 바칠 숫양을 준비해 놓으셨어요.

이삭 대신 무엇?

하나님은 아브라함의 믿음을 보시고 이삭 대신
제물로 바칠 숫양을 준비해 놓으셨어요.
그림에서 숫양 세 마리를 찾아 ○표 해 보세요.

이야기 나누기

- 하나님은 아브라함을 시험하시기 위해 무엇을 제물로 바치라고 하셨나요?
- 아브라함은 하나님의 계획이 이해되지 않을 때에도 하나님을 믿었어요. 아브라함의 믿음을 보신 하나님의 마음은 어떠셨을까요?

9 하나님이 다시 약속하셨어요

하나님은 아브라함에게 많은 자손을 주시고 그를 통해 온 세상에 복을 주겠다고 약속하셨어요. 하나님은 같은 약속을 아브라함의 아들인 이삭에게도 하셨고, 손자인 야곱에게도 하셨어요.
야곱은 꿈에 하나님을 만나 하나님의 약속을 받았어요.

약속, 약속, 또 약속

33쪽 그림을 떼어 '약속 기차'를 만들어 보세요.

1. 33쪽 '약속 기차'를 떼어 선대로 접어요.

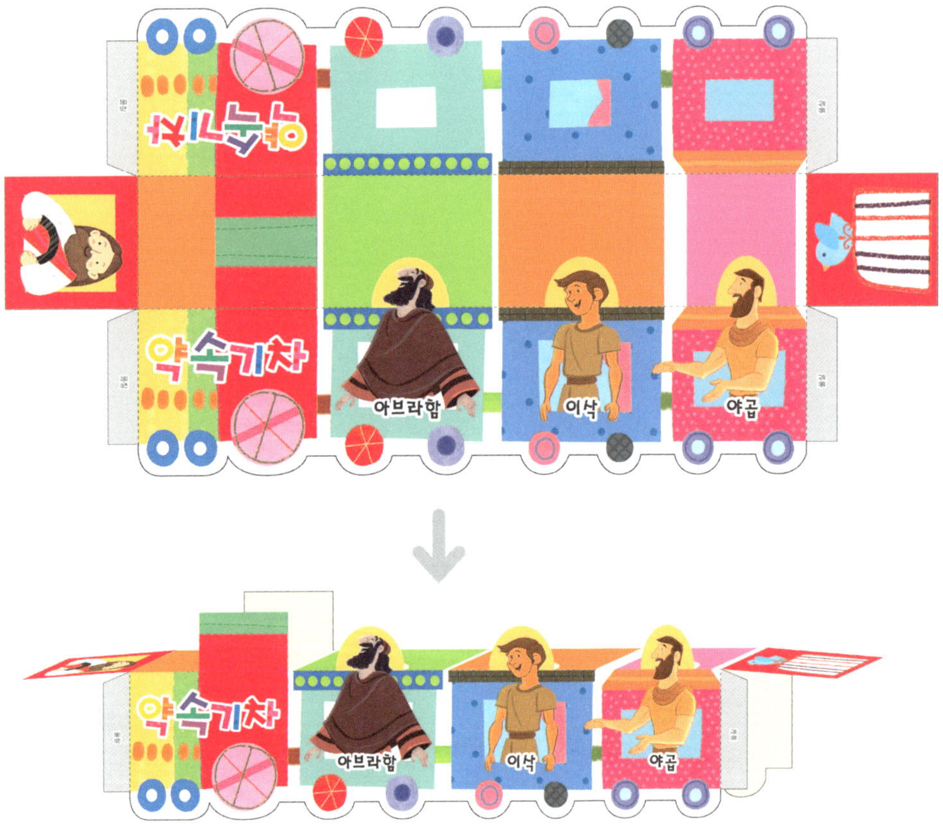

2. '풀칠' 표시에 풀을 칠해 기차 앞과 뒤를 붙여 완성하세요.

3. 기차에 타고 있는 사람들을 살펴보고 하나님의 약속이 아브라함의 자손들에게도 이어진 이야기를 떠올려 보세요.

이야기 나누기

- 하나님은 아브라함, 이삭, 야곱에게 어떤 약속을 하셨나요?
- 반드시 약속을 지키시는 신실하신 하나님을 함께 찬양해요!

10 야곱이 복을 가로챘어요

야곱과 에서는 쌍둥이 형제였어요.
에서는 자신의 *장자권을 야곱의 죽 한 그릇과 바꾸었어요.
야곱은 아버지를 속여 형 에서가 받을 복을 가로챘어요.

★장자권 : 큰아들(장자)이 아버지의 재산과 복을 더 많이 받는 권리

다른 그림 찾기

복 받을 자격

야곱, 거짓말쟁이!

야곱은 아버지 이삭을 속여 형 에서가 받을 복을 가로챘어요.
두 그림을 비교해 보고 5가지 다른 부분을 찾아 오른쪽 그림에 ○표 하세요.

이야기 나누기

- 야곱은 왜 아버지 이삭을 찾아갔나요?
- 만약 야곱이 거짓말로 복을 가로채지 않았다면 하나님께 복을 받지 못했을까요?
- 야곱에게 복을 빼앗긴 에서의 마음을 상상해 보고 이야기를 나누어 보세요.

11 하나님이 야곱에게 새 이름을 주셨어요

하나님은 야곱에게 고향으로 돌아가라고 말씀하셨어요.
야곱은 말씀에 순종했지만 형 에서를 만나기가 두려웠어요.
야곱은 자신을 찾아오신 하나님과 밤새도록 씨름을 했어요.
하나님은 야곱의 이름을 '이스라엘'로 바꾸어 주셨어요. 야곱은 새사람이 되었어요.

같은 그림 모으기

새 이름, 새사람

야곱이 변했어요!

야곱은 형 에서에게 동물들을 선물로 주며 화해를 청했어요.
35쪽 '동물 카드'를 떼어 같은 동물이 그려져 있는 카드끼리 모아 보세요.
카드의 뒷면에 쓰인 글을 읽어 보고, 사과하고 싶은 가족이나 친구에게 전달해 보세요.

이야기 나누기

- 야곱은 왜 에서에게 사과했나요?
- 누군가에게 사과해 본 적이 있나요?
  그때 마음이 어떠했나요?

12 요셉이 이집트로 팔려 갔어요

요셉의 형들은 요셉을 미워해 이집트로 가는 상인들에게 노예로 팔아 버렸어요. 노예로 살던 요셉은 억울하게 감옥에 갇혔는데, 그곳에서 만난 신하의 소개로 이집트의 왕 파라오가 꾼 꿈을 풀이해 주었어요. 하나님이 꿈의 뜻을 요셉에게 알려 주신 거예요. 파라오는 요셉에게 높은 벼슬을 주었어요.

색칠하기

하나님의 계획 기억하기

이집트로 간 요셉

아버지로부터 특별한 사랑을 받은 요셉은 채색옷을 입었어요.
각 숫자에 맞는 색깔을 칠해 멋진 채색옷을 완성해 보세요.
어떤 환경도, 어떤 사람도 하나님의 계획을 막을 수 없어요.
37쪽 '요셉 인형'을 떼어 이집트로 데려가는 활동을 해 보세요.

활동 방법

❶ 예배실을 가로질러 낚싯줄을 붙이고 양쪽 끝에 '이집트'와 '가나안'을 각각 표시해요.
❷ '요셉 인형' 머리 부분에 클립을 끼워요.
❸ 낚싯줄에 ❷를 걸어 요셉을 가나안에서 이집트로 데려가 보세요.

이야기 나누기

- 왜 요셉만 채색옷을 입었나요?
- 요셉은 어떻게 이집트에 가게 되었나요?
- 이집트에서도 요셉과 함께해 주신 분은 누구이신가요?
- 하나님은 나와도 언제나 함께하시는 분이라는 사실을 믿나요?

13 요셉의 꿈이 이루어졌어요

이집트로 먹을 것을 사러 온 요셉의 형들은 요셉을 알아보지 못했어요.
요셉은 형들을 용서했어요.
요셉의 모든 가족은 이집트로 와서 요셉과 함께 살게 되었어요.

책 만들기

하나님의 놀라운 계획

약속을 이루시는 하나님

하나님의 백성과 언약을 맺으신 하나님은 그 약속을 이루어 주셨어요.
그 약속이 어떻게 이어졌는지 아브라함, 야곱, 요셉의 이야기를 통해 살펴보아요.

이야기 나누기

- 아브라함으로부터 요셉까지 언제나 그들과 함께해 주신 분은 누구이신가요?
- 무엇이 하나님의 계획을 막을 수 있나요? (아무것도 하나님의 계획을 막을 수 없어요.)

1. 39쪽 책 도안을 떼어 뒷면을 펼친 뒤 선대로 접어요(앞으로 한 번, 뒤로 한 번, 다시 앞으로 한 번 부채 접기).

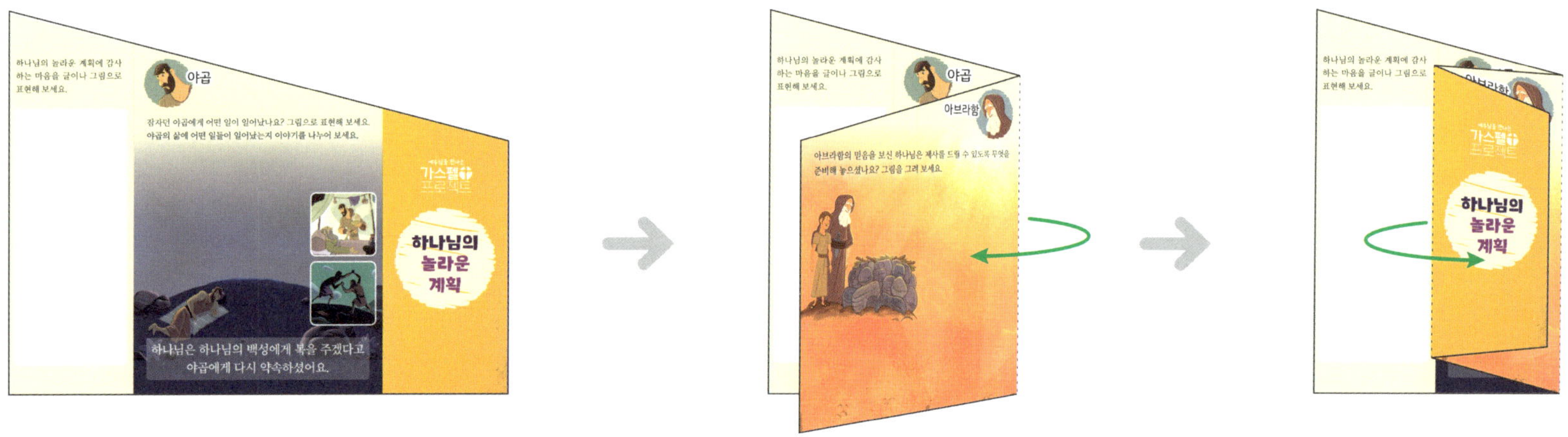

2. 아브라함, 야곱, 요셉 이야기의 특징을 살려 페이지를 꾸며요.

   예) • 아브라함 : 하나님이 준비해 놓으신 숫양 그리기
   • 야곱 : 야곱의 사다리 그려 보기
   • 요셉 : 37쪽 '요셉 그림 퍼즐'을 붙여 그림을 완성하고, 흐린 글씨 따라 쓰기

3. 책을 넘기며 하나님의 놀라운 계획에 대해 이야기를 나누어 보세요.

한눈에 보는

가스펠 프로젝트 연대표

자르는 선 접는 선

----------- 접는 선

나
○○○는(은)
하나님의
사랑이에요!

하나님이
사랑하시는 아들
○○○야(아),
내가 너에게
잘못했어.
나를 용서해 줄래?
앞으로 사이좋게
지내자.
- ○○○ -

하나님이
사랑하시는 딸
○○○야(아),
네 마음을
풀어 주고 싶어.
내가 정말 미안했어.
내 마음을 받아 줄래?
- ○○○ -

하나님이 사랑하시는
○○○ 님,
제가 진심으로
죄송해요.
사랑하는 마음을
전하고 싶어요.
- ○○○ 올림-

나
○○○는(은)
하나님의
사랑이에요!

하나님이
사랑하시는 아들
○○○야(아),
내가 너에게
잘못했어.
나를 용서해 줄래?
앞으로 사이좋게
지내자.
- ○○○ -

하나님이
사랑하시는 딸
○○○야(아),
네 마음을
풀어 주고 싶어.
내가 정말 미안했어.
내 마음을 받아 줄래?
- ○○○ -

하나님이 사랑하시는
○○○ 님,
제가 진심으로
죄송해요.
사랑하는 마음을
전하고 싶어요.
- ○○○ 올림-

12과 요셉 인형

13과 요셉 그림 퍼즐

하나님의 놀라운 계획에 감사하는 마음을 글이나 그림으로 표현해 보세요.

잠자던 야곱에게 어떤 일이 일어났나요? 그림으로 표현해 보세요.
야곱의 삶에 어떤 일들이 일어났는지 이야기를 나누어 보세요.

뒷면

예수님을 만나는 가스펠 프로젝트

하나님의 놀라운 계획

앞면

아브라함의 믿음을 보신 하나님은 제사를 드릴 수 있도록 무엇을 준비해 놓으셨나요? 그림을 그려 보세요.

빈칸에 37쪽 퍼즐 조각을 붙이고, 흐린 글씨를 따라 써 보세요.

무엇이 하나님의 계획을 막을 수 있나요?

아무것도 하나님의 계획을 막을 수 없어요.

가스펠 프로젝트

구약 1

가족 활동

메시지 카드

1. 하나님이 세상을 창조하셨어요

창 1:1~25

2. 하나님이 사람을 창조하셨어요

창 1:26~2:25

3. 죄가 세상에 들어왔어요

창 3:1~24

부모님께

메시지 카드에는 아이들이 배운 성경 이야기를 되새기며 삶에 적용할 수 있는 '가족 활동'이 담겨 있습니다. 그림을 보며 성경 이야기를 회상하고 성경 본문을 찾아 함께' 읽어 보며 묵상을 나누어 보세요. 카드의 그림들은 성경의 흐름을 기억할 수 있는 단서가 될 것입니다.

1권 '위대한 시작'에 담긴 가스펠

하나님이 만물을 창조하셨고, 그분이 만물의 주인이십니다(창 1:1; 골 1:16~17). 우리는 하나님께 맞서 죄를 지었습니다. 우리는 모두 죄인입니다(롬 3:23). 우리는 죄의 대가로 죽음을 맞이하게 되었습니다(롬 6:23). 그러나 예수님이 우리를 대속하셨습니다(롬 5:8; 고후 5:21). 우리는 예수님을 믿고 죄를 회개하면 구원을 받습니다(롬 10:9~10, 13).

1. 하나님이 세상을 창조하셨어요

주제 하나님이 모든 것을 창조하셨어요.

단원 암송 고전 8:6

성경의 초점 하나님은 왜 세상을 창조하셨나요?
하나님의 영광을 위해 창조하셨어요.

예수님 생각하기 예수님은 모든 것의 주인이세요. 모든 것이 예수님에 의해, 그리고 예수님을 위해 창조되었어요. 예수님이 모든 것을 붙들고 계세요(골 1:16~17).

가족과 이야기해요

- 하나님 외에 아무것도 없다는 것은 어떤 것일까요? 상상해 보세요.
- 하나님은 왜 세상을 창조하기로 하셨을까요? (하나님이 얼마나 놀라운 분인지 보여 주시기 위해서)
- 하나님이 만드신 것들에는 무엇이 있나요? (창 1~2장 참조)

가족과 활동해요

- 온가족이 함께 차를 타고 가면서 하나님이 창조하신 세상을 감상해 보세요.
- 하나님의 창조물들은 하나님의 영광을 드러내고 있어요. 하나님이 만드신 세상에 대해 감사하는 기도를 드리세요.
- 가족과 함께 자연을 거닐어 보세요.

2. 하나님이 사람을 창조하셨어요

주제 하나님이 하나님의 형상대로 사람을 창조하셨어요.

단원 암송 고전 8:6

성경의 초점 하나님은 왜 세상을 창조하셨나요?
하나님의 영광을 위해 창조하셨어요.

예수님 생각하기 하나님은 사람을 하나님의 형상대로 만드셨어요. 하나님의 형상대로 하나님을 가장 완벽하게, 똑같이 알려 주시는 분은 예수님이세요. 예수님을 보면 하나님을 알 수 있어요.

가족과 이야기해요

- 하나님이 만드신 다른 것들과 사람이 다른 점은 무엇인가요? (하나님을 닮은 모습으로 만들어졌다)
- 나는 하나님의 어떤 모습을 닮았나요?
- 하나님은 왜 사람을 하나님을 닮게 만드셨을까요? (하나님이 얼마나 놀라운 분인지 보여 주시기 위해서)

가족과 활동해요

- 가족 한 사람, 한 사람이 왜 특별한지 서로 이야기해 주는 시간을 가져 보세요.
- 우리 가족을 특별하게 만들어 주신 하나님께 감사의 편지를 쓰거나 그림을 그려 보세요.

3. 죄가 세상에 들어왔어요

주제 아담과 하와가 죄를 지었어요.

단원 암송 고전 8:6

성경의 초점 죄가 무엇인가요?
죄는 하나님의 법을 어기는 거예요.

예수님 생각하기 예수님은 죄로 인해 하나님과 멀어졌던 사람들의 죄를 대신 없애 주시고 사람들이 하나님께로 돌아오게 만들어 주셨어요.

가족과 이야기해요

- 하나님은 아담과 하와에게 한 가지 규칙을 주셨어요. 우리 가정에는 어떤 규칙이 있나요? 이런 규칙이 왜 필요할까요?
- 규칙은 좋은 것인가요, 나쁜 것인가요?
- 아담과 하와가 죄를 지은 뒤 세상은 어떻게 달라졌나요?

가족과 활동해요

- 가족과 함께 자신이 죄인인 것과 자신에게 구원자가 필요한 것을 깨닫게 해 달라고 기도하세요.

6. 바벨탑을 쌓던 사람들이 흩어졌어요

창 11:1~9

4. 가인과 아벨이 제물을 드렸어요

창 4:1~16, 25~26

7. 하나님이 아브라함과 언약을 맺으셨어요

창 12:1~3, 15:1~21, 17:1~9

5. 하나님이 노아와 가족을 구해 주셨어요

창 6:5~9:17

4. 가인과 아벨이 제물을 드렸어요

주제 하나님이 죄 때문에 가인에게 벌을 주셨어요.

단원 암송 고전 8:6

성경의 초점 죄가 무엇인가요?
죄는 하나님의 법을 어기는 거예요.

예수님 생각하기 아담과 하와의 죄는 그들을 하나님으로부터 멀어지게 했어요. 하나님이 그 죄를 없애 주겠다고 약속하신 구원자가 바로 예수님이세요.

가족과 이야기해요

- 죄가 우리 가정도 힘들게 하고 있나요?
- 나에게도 죄를 짓지 않도록 조심하라고 말해 주는 사람이 있나요?
- 아담과 하와는 하나님이 죄를 없애 줄 사람을 보내 주시기를 기다렸어요. 기다리는 일이 쉬웠을까요, 어려웠을까요?

가족과 활동해요

- 일주일 동안 여러 가지 활동을 할 때마다 그 활동이 어떻게 하나님께 드리는 제물이 될 수 있을지 이야기해 보세요.
- 사랑을 담은 작은 선물을 준비해 이웃과 나눠 보세요.

5. 하나님이 노아와 가족을 구해 주셨어요

주제 하나님은 거룩하세요.

단원 암송 고전 8:6

성경의 초점 죄가 무엇인가요?
죄는 하나님의 법을 어기는 거예요.

예수님 생각하기 예수님은 노아와 가족이 홍수로부터 구원받은 것보다 더 위대한 구원, 즉 예수님을 믿고 의지하는 사람들을 죄로부터 구해 주는 구원을 베푸셨어요.

가족과 이야기해요

- 잘못된 선택을 해 벌을 받은 적이 있다면 가족과 함께 이야기해 보세요.
- 노아가 하나님께 불순종해 방주를 만들지 않았다면 어떻게 되었을까요?
- 받아야 될 벌을 받지 않고 그냥 넘어간 적이 있나요?

가족과 활동해요

- 노아와 그의 가족을 홍수에서 구해 주신 하나님의 은혜에 대해 가족과 함께 이야기해 보세요.
- 가족과 상의해 특별한 선물이나 도움이 필요한 이웃을 기억하며 사랑을 실천해 보세요.

6. 바벨탑을 쌓던 사람들이 흩어졌어요

주제 하나님은 하나님께 영광을 돌리게 하시려고 사람을 창조하셨어요.

단원 암송 고전 8:6

성경의 초점 하나님은 왜 세상을 창조하셨나요?
하나님의 영광을 위해 창조하셨어요.

예수님 생각하기 사람들은 하나님을 무시하고, 하나님이 그들에게 원하시는 대로 살지 않았어요. 하나님은 그들의 말을 뒤섞어 온 땅으로 흩어지게 하셨어요. 예수님이 오시면 서로 다른 말을 쓰는 모든 나라의 사람들이 한데 모여 하나님께 예배드릴 거예요(계 7:9~10).

가족과 이야기해요

- 하나님이 우리 가족들에게 주신 재능에는 어떤 것들이 있나요?
- 사람들이 대단하다고 여기도록 하기 위해 그 재능을 쓰고 싶었던 적이 있나요?
- 어떻게 하면 우리의 재능으로 하나님께 영광을 돌릴 수 있을까요?

가족과 활동해요

- 교회에서나 지역 사회에서 우리 가족이 하나님께 영광을 돌릴 방법이 있는지 이야기해 보세요.
- 우리 가족이 다 함께 재능으로 하나님을 높일 구체적인 방법을 하나 생각해 그대로 실천해 보세요.

7. 하나님이 아브라함과 언약을 맺으셨어요

주제 하나님은 아브라함에게 복을 주겠다고 약속하셨어요.

단원 암송 롬 4:3

성경의 초점 하나님은 무엇을 약속하셨나요?
하나님은 하나님의 백성에게 복을 주겠다고 약속하셨어요.

예수님 생각하기 하나님은 아브라함에게 고향을 떠나 다른 나라로 가라고 말씀하셨어요. 하나님은 아브라함을 통해 세상 모든 사람에게 복을 주겠다고 약속하셨어요. 예수님은 사람들을 죄에서 구원하심으로써 땅의 모든 사람에게 복을 주세요.

가족과 이야기해요

- 다른 사람에게 약속을 하거나, 다른 사람이 약속을 한 적이 있나요? 그 약속은 잘 지켜졌나요?
- 아브라함은 많은 자손을 주겠다고 하신 하나님의 약속이 잘 믿어졌을까요? 왜 그렇게 생각하나요?

가족과 활동해요

- 가족과 함께 맑은 날 밤하늘을 보면서 별을 세어 보세요. 언제나 약속을 지키시는 하나님에 대해 이야기를 나눠 보세요.
- 야광 별 스티커로 방을 꾸미고 밤마다 아브라함에게 주신 하나님의 약속을 기억해 보세요.

8. 하나님이 아브라함을 시험하셨어요

창 22:1~19

9. 하나님이 다시 약속하셨어요

창 25:19~26, 26:1~6, 28:10~22

10. 야곱이 복을 가로챘어요

창 25:27~34, 27:1~45

11. 하나님이 야곱에게 새 이름을 주셨어요

창 32~33장

8. 하나님이 아브라함을 시험하셨어요

주제 아브라함이 하나님을 믿었어요.

단원 암송 롬 4:3

성경의 초점 하나님은 무엇을 약속하셨나요?
하나님은 하나님의 백성에게 복을 주겠다고 약속하셨어요.

예수님 생각하기 아브라함은 하나님을 믿었어요. 아브라함이 하나밖에 없는 아들 이삭도 하나님께 드리려고 하자 하나님은 이삭을 대신하기 위해 준비해 둔 숫양을 보여 주셨어요. 하나님은 세상을 죄에서 구원하기 위해서 자기 아들 예수님을 기꺼이 내어 주셨어요. 예수님은 우리를 대신해 죽으셨어요.

가족과 이야기해요

- 하나님의 말씀에 순종하기 힘든 때가 언제였는지 이야기해 보세요.
- 아브라함은 하나님을 이 세상에서 가장 사랑했어요. 하나님보다 더 사랑하고 있는 것이 있나요?

가족과 활동해요

- 가족이 소중하게 생각하는 물건을 이웃에게 선물해 주세요.
- 사랑하는 아들을 하나님께 바치려 했던 아브라함의 마음은 어떠했을지 이야기를 나누어 보세요.

9. 하나님이 다시 약속하셨어요

주제 하나님이 아브라함의 자손들에게 다시 약속하셨어요.

단원 암송 롬 4:3

성경의 초점 하나님은 무엇을 약속하셨나요?
하나님은 하나님의 백성에게 복을 주겠다고 약속하셨어요.

예수님 생각하기 하나님께는 아브라함과 그의 가족을 위한 아주 좋은 계획이 있었어요. 이 계획은 아브라함의 자녀들과 그들의 자녀들을 위한 것이기도 했어요! 오랜 세월이 흐른 뒤 아기 예수님이 아브라함의 자손으로 태어나셨어요. 예수님은 사람들을 죄에서 구원하시고 그들과의 관계를 회복하시려는 하나님의 계획이었어요.

가족과 이야기해요

- 아브라함은 틀림없이 이삭과 야곱에게 하나님의 약속을 들려주었을 거예요. 그런데도 하나님은 왜 같은 약속을 또 해 주셨을까요?

가족과 활동해요

- 가족의 가계도를 함께 그려 보세요. 우리 가족과 아브라함, 이삭, 야곱의 가족을 비교해 보세요.

10. 야곱이 복을 가로챘어요

주제 야곱이 에서의 복을 가로챘어요.

단원 암송 창 26:24

성경의 초점 무엇이 하나님의 계획을 막을 수 있나요?
아무것도 하나님의 계획을 막을 수 없어요.

예수님 생각하기 예수님은 자신의 복을 우리와 나누세요. 우리는 복을 받기 위해 거짓말하거나 하나님 아버지를 속일 필요가 없어요. 예수님은 우리의 죗값을 대신 지불하고 우리에게 영원한 생명을 주려고 십자가에서 죽으셨어요.

가족과 이야기해요

- 야곱과 에서는 형제였지만 서로 많이 달랐어요. 가족들끼리 다른 점은 무엇이 있나요?
- 오늘의 성경 이야기에 나오는 인물들은 잘못된 것을 갖고 싶어 했거나, 좋은 것이라도 잘못된 방법으로 가지려고 했어요. 비슷한 경험이 있다면 나누어 보세요.

가족과 활동해요

- 우리 가족의 소원 목록을 만들어 보세요.
- 우리 가족이 하나님을 믿고 의지하며, 하나님이 주시는 것들로 만족할 수 있게 해 달라고 기도하세요.

11. 하나님이 야곱에게 새 이름을 주셨어요

주제 하나님이 야곱의 이름을 이스라엘로 바꾸어 주셨어요.

단원 암송 창 26:24

성경의 초점 무엇이 하나님의 계획을 막을 수 있나요?
아무것도 하나님의 계획을 막을 수 없어요.

예수님 생각하기 예수님의 죽음과 부활은 죄인들에게 하나님의 가족이 될 수 있는 길을 열어 주었어요. 우리가 하나님의 가족이 되면 우리도 '하나님의 자녀'라는 새 이름을 갖게 된답니다.

가족과 이야기해요

- 야곱과 에서처럼 우리 가족도 다투었다가 화해한 경험이 있나요?
- 야곱은 하나님께 자기를 형에게서 구해 달라고 기도했어요. 우리 가족을 두렵게 하는 것은 무엇인가요? 하나님께 기도로 도움을 구해 보세요.

가족과 활동해요

- '간지럼 태우기 대회'나 '엄지손가락 씨름 대회'를 열어 보세요. 야곱이 하나님이 복을 주시기 전에는 보내 드리지 않겠다고 했던 일을 떠올려 보세요.
- 우리 가족들의 이름에는 어떤 뜻이 있나요? 각자에게 어울리는 이름인지 서로 이야기해 보세요.

12. 요셉이 이집트로 팔려 갔어요

창 37:1~36, 39:1~41:57

13. 요셉의 꿈이 이루어졌어요

창 42:1~46:34, 50:15~21

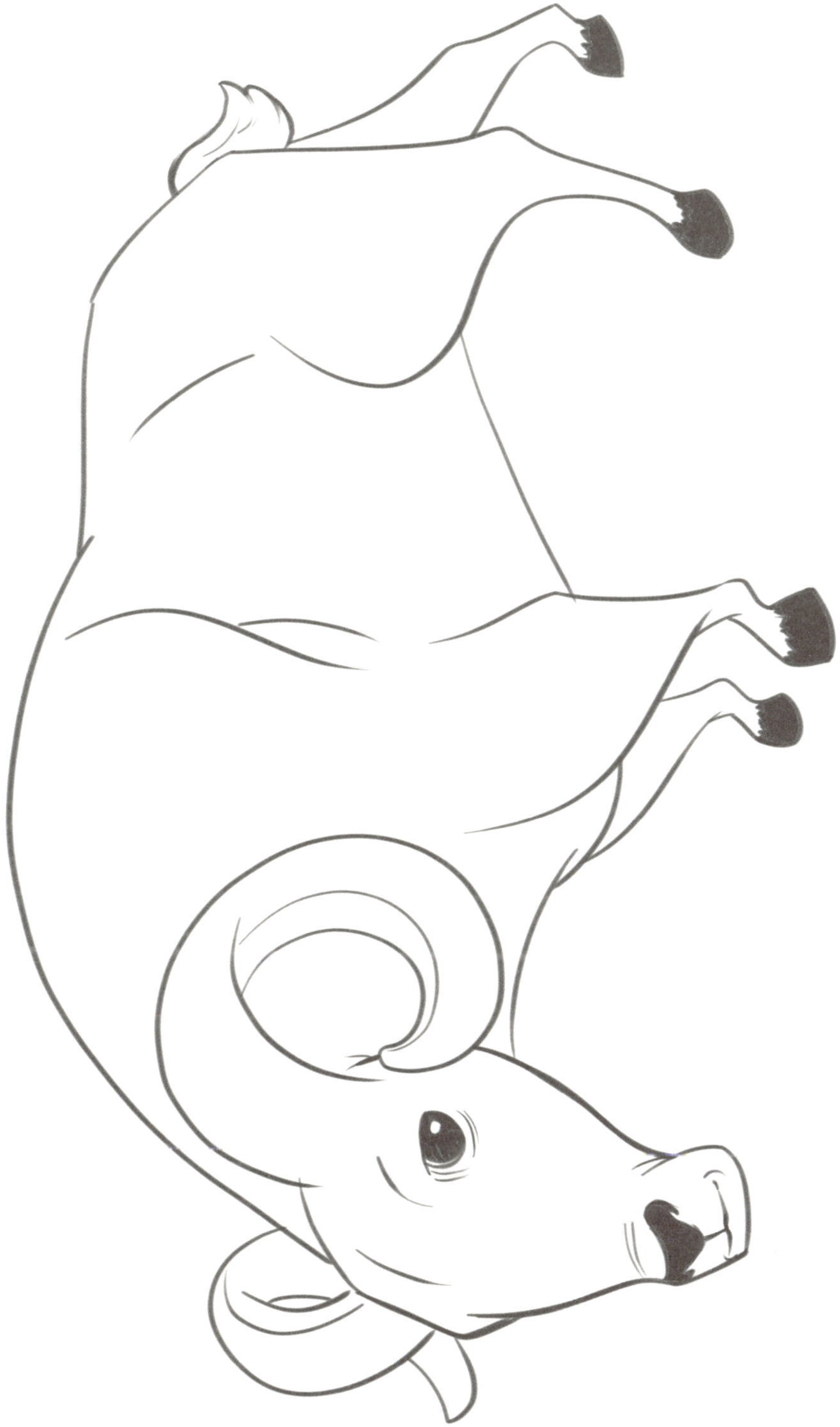

12. 요셉이 이집트로 팔려 갔어요

주제 하나님이 요셉을 이집트로 보내셨어요.

단원 암송 창 26:24

성경의 초점 무엇이 하나님의 계획을 막을 수 있나요?
아무것도 하나님의 계획을 막을 수 없어요.

예수님 생각하기 하나님이 요셉을 이집트로 보내셔서 요셉을 통해 많은 사람을 도우셨어요. 하나님은 그 후에 예수님을 이 땅에 보내 예수님을 통해 많은 사람이 구원을 얻을 수 있도록 해 주셨어요.

가족과 이야기해요

- 요셉은 안 좋은 일을 아주 많이 겪었어요. 우리 가족도 안 좋은 일을 겪은 적이 있나요?
- 하나님은 요셉의 모든 어려움을 함께하셨어요. 우리 가족이 겪었던 어려운 일 가운데 하나님의 은혜가 어떤 모습으로 나타났나요?

가족과 활동해요

- 주변에 어려움을 겪고 있는 가정이 있으면 가족과 함께 그들을 위해 기도하는 시간을 가져 보세요.
- 힘든 일을 돕거나 식사를 대접하는 등 그 가정을 섬겨 주세요.

13. 요셉의 꿈이 이루어졌어요

주제 하나님이 요셉을 통해 요셉의 가족을 구해 주셨어요.

단원 암송 창 26:24

성경의 초점 무엇이 하나님의 계획을 막을 수 있나요?
아무것도 하나님의 계획을 막을 수 없어요.

예수님 생각하기 요셉의 형들은 요셉을 해치려고 했지만, 하나님은 요셉의 아픔을 사용해 하나님의 백성을 배고픔에서 구하셨어요. 사람들은 하나님의 아들이신 예수님을 해쳤어요. 하지만 하나님은 예수님의 죽음을 통해 우리를 죄에서 구원하셨어요.

가족과 이야기해요

- 형들을 마지막으로 보았을 때 요셉은 아직 어렸어요. 내가 어른이 되면 어떤 모습일지 상상해 보세요.
- 요셉은 자신을 힘들게 한 형들을 용서했어요. 우리 가족이 다른 사람을 용서한 일이나, 다른 사람에게 용서받은 일이 있으면 이야기해 보세요.

가족과 활동해요

- 먹을 것이 없었던 야곱의 가족을 생각하며 먹을 것을 모아 구호 단체에 기부해 보세요.